CONTES DE A. S. POUCHKINE

TRADUITS PAR N. ANDRÉIEFF

EXEMPLAIRE

Nº XXVII

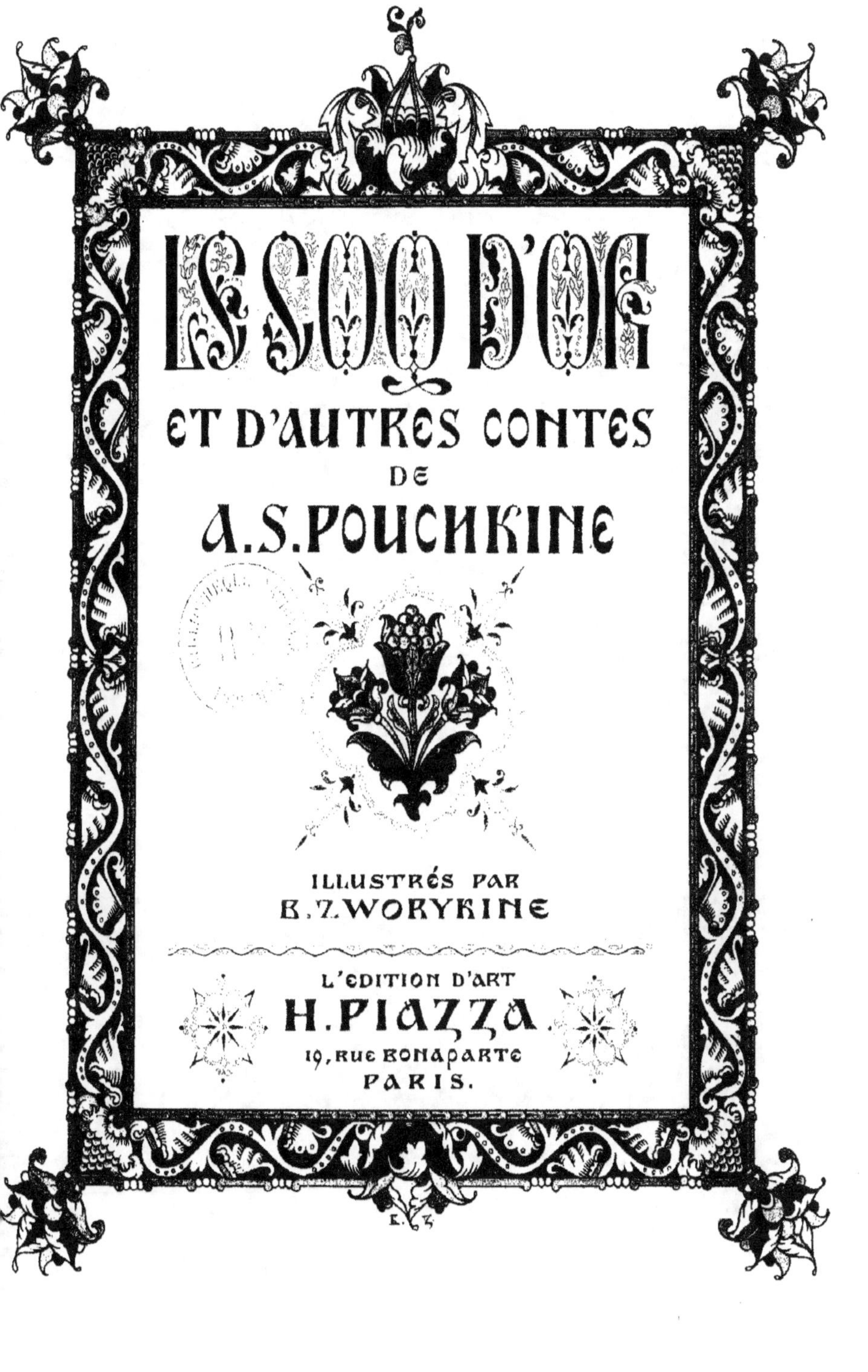

LE COQ D'OR
ET D'AUTRES CONTES
DE
A. S. POUCHKINE

ILLUSTRÉS PAR
B. Z. WORYKINE

L'EDITION D'ART
H. PIAZZA
19, RUE BONAPARTE
PARIS.

ES quatre Contes du grand poète russe Pouchkine, qui composent cet ouvrage, peuvent être considérés comme les œuvres de ce genre les plus réputées de la littérature russe.

Les sujets, ainsi que nous l'a indiqué le poète lui-même, lui en ont été fournis par les récits merveilleux qu'on lui narrait lorsqu'il était enfant, et ils sont très caractéristiques du sentiment des poésies populaires de l'ancienne Russie.

A travers la fantaisie et l'imagination du poète, ils évoquent à chaque page des tableaux de la vie russe d'autrefois. C'est pourquoi l'artiste a donné à cet ouvrage, dans tous ses détails, l'aspect si intéressant d'un vieux manuscrit.

Les illustrations ont été conçues dans le style des miniatures russes des XVI⁵ et XVII⁵ siècles. Les encadrements, les fleurons, les majuscules ornées, les titres calligraphiés avec leurs entrelacs si compliqués, tout dans cet ouvrage est absolument conforme à l'ornementation d'un manuscrit de l'époque de la Renaissance russe.

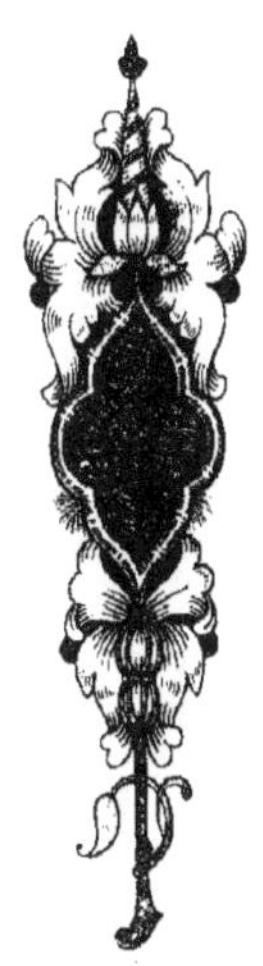

Le Coq
D'OR

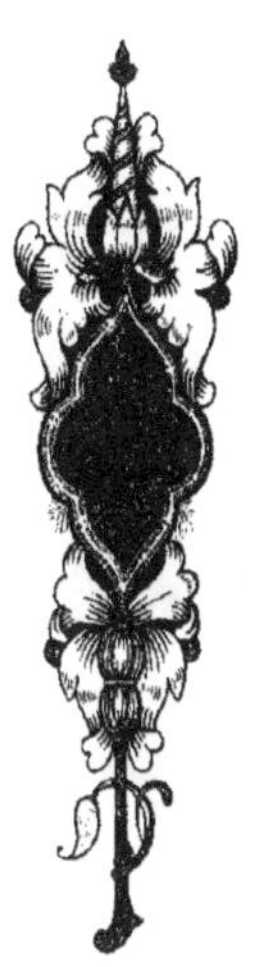

LE COQ D'OR

L'ILLUSTRE Tzar Dadone règne à l'extrémité du monde, dans un pays très isolé. Durant toute sa jeunesse, il n'a fait qu'envahir les états de ses rivaux. A présent, il est âgé, las de triompher par les armes, et il veut vivre tranquille. Or, ses

voisins prennent maintenant leur revanche. Ils l'atta-
quent sans répit. Ils infligent à son armée de lourdes
pertes. Et les frontières de l'empire sont menacées !

Dadone doit renforcer son armée. Malheureuse-
ment, la vigilance de ses généraux est toujours en
échec. Lorsqu'ils s'attendent à voir l'ennemi apparaître
au sud, il surgit à l'est. Viennent-ils d'être battus
d'un côté ? Des assaillants arrivent d'un autre.

Une pareille vie n'est pas possible ! Le Tzar pleure
de rage et ne dort plus. Il appela enfin à son secours
un sage, qui était eunuque et savant en astronomie.

L'homme arriva. Il tira de son sac un coq d'or,
qu'il remit à Dadone en disant :

— Si tu fais placer ce coq sur la flèche d'une
tour, il sera ton meilleur gardien. Tant que tu n'auras
rien à craindre, il ne bougera pas. Mais, à la moindre
menace de guerre, au moindre danger d'invasion,
aussitôt mon coq dressera la tête, jettera des cris,
s'agitera et se tournera vers le danger.

Le Tzar remercia l'eunuque. En récompense,
il lui donna des monceaux d'or. Il dit :

— Tu m'as rendu un tel service que j'exaucerai
ton premier désir, comme s'il était le mien.

Juché sur la pointe d'une flèche, le coq sur-
veille les frontières de l'empire. Pour un rien, ce
fidèle serviteur frémit comme s'il se réveillait, se
trémousse, fait tête au péril, et chante :

« Cocorico ! Règne en dormant sur tes deux oreilles ! »
Et les belliqueux voisins n'osent plus attaquer le Tzar,
qui leur a infligé des défaites épouvantables.

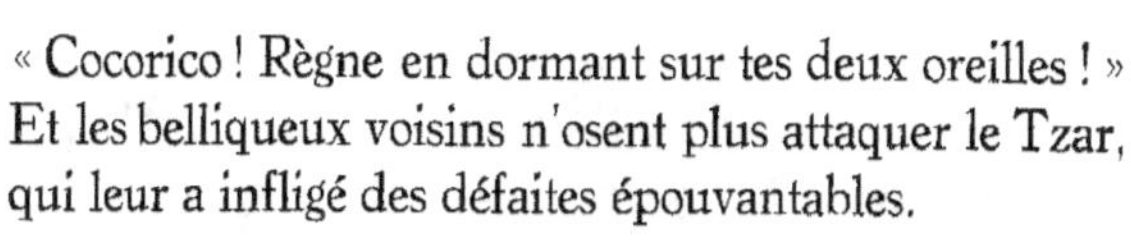

Une année passa, une autre, puis une autre
encore. Le coq n'avait pas bougé.

Un jour, Dadone fut réveillé par un grand
bruit.

— Notre Tzar ! Père du peuple ! hurlait un
de ses généraux. Un malheur... Un malheur !

— Quoi ? fit Dadone en baillant. Qui est là ?
Quel malheur ?

Le général répondit :

— Le coq a chanté ! Dans la capitale, épouvante
et tumulte...

Le Tzar se précipite vers la fenêtre. Le coq se
débat sur la flèche, face à l'Orient. Il n'y a pas de
temps à perdre...

— A cheval ! A cheval !

L'armée de Dadone chemine vers l'Ouest. Son
fils aîné la conduit. Le coq est immobile. La capitale
est paisible. Le Tzar a oublié le danger qu'il a couru.

Depuis huit jours, aucune nouvelle de l'armée !
S'est-elle battue, ou non ?

Le coq vient de chanter. Le Tzar lève une autre
armée, dont il donne le commandement à son fils
cadet, qui ira au secours de son frère.

DEPUIS huit jours, aucune nouvelle de cette armée !
La ville est terrifiée.

Le coq vient de chanter encore ! Le Tzar lève une troisième armée, dont il prend le commandement, sans même savoir ce qu'il fera.

Les régiments marchent nuit et jour. Ils sont exténués. Dadone n'a vu ni un champ de bataille, ni un vestige de bivouac, ni un cadavre.

— Que signifie cela ? répète-t-il avec angoisse.

Le huitième jour, l'armée s'engage dans un défilé. On aperçoit une tente en soie, qui brille sur une hauteur. Un silence prodigieux règne dans ces montagnes. On va plus loin...

A l'extrémité d'une gorge étroite, on découvre, anéantie, l'armée que l'on cherchait.

Le Tzar court vers la tente. Quel spectacle ! Ses deux fils, sans casque, sans cuirasse, gisent sur l'herbe, percés de leur propre glaive. Leurs chevaux errent dans la plaine ensanglantée.

— O mes fils, mes fils ! gémit Dadone ! Malédiction ! Nos deux héros, nos deux faucons sont tombés dans un piège... Je vais mourir !

L'armée s'afflige aussi. La nature semble exhaler des plaintes. Les montagnes tressaillent.

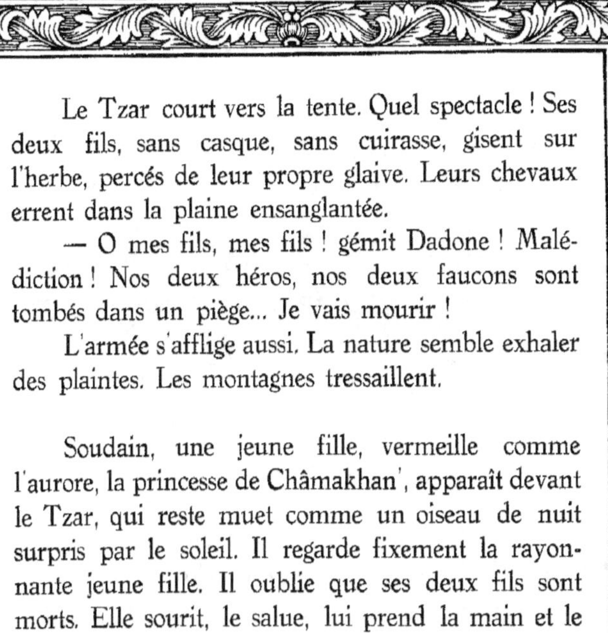

Soudain, une jeune fille, vermeille comme l'aurore, la princesse de Châmakhan', apparaît devant le Tzar, qui reste muet comme un oiseau de nuit surpris par le soleil. Il regarde fixement la rayonnante jeune fille. Il oublie que ses deux fils sont morts. Elle sourit, le salue, lui prend la main et le conduit vers sa tente. Là, elle le prie de s'asseoir devant une table chargée de mets variés. Elle lui désigne ensuite un lit de brocart sur lequel il se reposera.

Ensorcelé par les charmes de la princesse de Châmakhan', le Tzar festoya chez elle durant une semaine.

Il finit par se mettre en route vers sa capitale. La princesse le suivait. Le peuple parlait déjà du retour de son souverain. Sur cette arrivée, on racontait des mensonges et des choses exactes.

AU moment où il franchissait les remparts de sa ville, Dadone fut salué par des acclamations. On se cramponnait à son char et à celui de la princesse. Tout à coup, il aperçut dans la foule son vieil ami l'eunuque, coiffé d'un blanc bonnet de Saratchine.

— Je te salue, mon père, lui dit Dadone. Que puis-je faire pour toi ?

— Tzar puissant, répondit le sage, il est temps de régler nos comptes. Te rappelles-tu ? Pour me récompenser de t'avoir rendu service, tu m'as dit que tu exaucerais mon premier désir, comme s'il était le tien... Donne-moi donc la princesse de Châmakhan' !

— Comment ? s'écrie le Tzar stupéfait. Le diable se joue-t-il de toi, ou bien as-tu perdu la tête ? Oui, je t'ai fait une promesse, mais il y a des limites à tout. Pourquoi veux-tu cette jeune fille ?

Sais-tu qui je suis ? Dis-moi ce que tu préfères...
Le titre de boyard ? Un trésor ? Un cheval de
mes écuries ? La moitié de mon royaume ?

— Je ne veux que la princesse de Châmakhan' !
Dadone cracha, de fureur, et s'écria :

— Tu n'auras rien ! En vérité, tu es ton propre
ennemi. Pars, tant que tu es encore en vie ! Gardes,
emmenez-le...

L'eunuque voulut protester, mais il s'aperçut
qu'il ne faut pas discuter avec certaines personnes.
Le Tzar brandit son sceptre et l'en frappa au front.

Il tomba à la renverse, mort. Le peuple eut très
peur. Quant à la princesse, elle eut un fou rire qui
prouva qu'elle ne craignait rien.

Le cortège allait entrer dans la capitale lorsqu'on
entendit un bruit velouté. Le coq venait de quitter la
flèche où il était perché. Les ailes battantes, il se posa
sur le crâne de Dadone, qu'il fendit d'un coup
de bec. Dadone soupira et mourut. La
princesse de Châmakhan', elle, disparut comme si elle n'avait jamais existé. Ceci n'est qu'un
conte, mais il instruira
les braves gens.

HISTOIRE DE TZAR
SALTAN DE SON
FILS, LE GLORIEUX ET
PUISSANT HÉROS
PRINCE GWIDON
SALTANOVITCH,
ET DE LA BELLE
PRINCESSE
CYGNE

ROIS jeunes filles, à la nuit tombante, filaient auprès d'une fenêtre.

— Si j'étais Tzarine, dit l'une, je préparerais moi-même un festin pour tous les peuples de la terre.

— Moi, fit l'autre, si j'étais Tzarine, je tisserais une pièce de toile pour tous les peuples de la terre.

La troisième déclara :

— Si j'étais Tzarine, je mettrais au monde, pour notre père le Tzar, un fils qui serait un héros.

A peine avait-elle dit cela que la porte s'ouvrit doucement. Le Tzar Saltan', souverain de ce pays, entra dans la chambre. Dissimulé derrière une haie du jardin, il avait entendu cette conversation. Les paroles de la troisième jeune fille l'avaient séduit.

— Je te salue, jolie demoiselle ! prononça-t-il. Sois Tzarine, et donne-moi, à la fin de septembre, un fils qui sera un héros. Quant à vous, chères petites sœurs, sortez de cette maison et suivez-nous. L'une de vous sera tisseuse. L'autre sera cuisinière.

Ils traversèrent le vestibule, franchirent la porte de cette demeure et s'acheminèrent vers le palais.

Le Tzar ne s'embarrassa de rien. Le soir même, il épousa la jeune fille qu'il avait emmenée dans son palais. Voyez-les maintenant, qui festoient !

Le moment venu, les convives guidèrent les deux époux vers leur lit d'ivoire, et les laissèrent seuls.

Dans la cuisine, rage la jeune fille qui doit être cuisinière.

Dans la tour du palais, rage la jeune fille qui doit être tisseuse.

Toutes deux sont atrocement jalouses de la nouvelle Tzarine. Pendant ce temps, pour tenir sa promesse, celle-ci conçoit un enfant.

Il y avait la guerre. Le Tzar Saltan' monta sur
son meilleur cheval, dit adieu à sa femme et l'engagea à penser à lui, mais sans excès.

Au loin, le Tzar se bat farouchement et sans
trève. L'époque est venue où la Tzarine va mettre au
monde leur enfant.

Dieu leur donna un fils, haut de soixante-dix
centimètres.

Comme un aigle veille sur un aiglon, la Tzarine
veille sur son fils. Et elle a déjà envoyé à son époux
un message qui lui apprend la grande nouvelle.

Mais, la Tisseuse, la Cuisinière, et leur vieille
parente Babarikha, ont décidé de perdre l'épouse de
Saltan'. Elles ordonnent d'emprisonner le messager
et de le remplacer par un autre qui emportera cette
lettre : « La Tzarine vient d'accoucher. Ce n'est ni
un garçon, ni une fille, ni une souris, ni une grenouille... mais un animal inconnu. »

Après avoir lu ces lignes, Saltan' entra dans
une fureur telle, qu'il voulut faire pendre l'homme.
Cependant, il réfléchit et dit :

— A mon retour, je prendrai une décision.
Muni de cette réponse, le cavalier galope...

Il arrive. La Tisseuse, la Cuisinière, et leur vieille
parente Babarikha ont résolu de dérober au messager la lettre qui lui a été confiée. Elles l'enivrent.
Elles glissent une autre lettre dans sa sacoche. Et le

malheureux remet à qui de droit le décret suivant :
« Le Tzar ordonne à ses boyards de précipiter
immédiatement dans l'abîme des eaux la Tzarine et
le nouveau-né ».

Le sort en était jeté. Tout en déplorant l'infortune de leurs souverains, les boyards se rendirent
en foule dans la chambre de la Tzarine. Ils lui annoncèrent la volonté du Tzar. L'un d'eux lut
enfin à haute voix l'ordre qui concernait la pauvre
femme.

On enferma la Tzarine et son fils dans un
tonneau que l'on scella et que l'on fit rouler jusqu'à
la mer.

— Ainsi l'a voulu le Tzar Saltan' ! crièrent les
boyards.

Les étoiles brillent dans le ciel bleu. Les vagues
ondulent sur la mer bleue.

Un nuage vogue dans le ciel. Un tonneau vogue
sur la mer.

Comme une veuve désespérée, la Tzarine pleure.
Et son enfant grandit, non chaque jour, mais chaque
heure. Et son enfant parle aux flots :

— Vagues ! Vagues ! Vous êtes libres, joyeuses...
Vous bondissez à votre guise. Vous polissez les pierres
marines. Vous arrosez les rivages. Vous balancez les
navires... Ne nous abandonnez pas ! Poussez-nous
vers la terre...

BÉISSANTES, les vagues portent doucement le tonneau vers une plage, puis se retirent, doucement aussi.

La Tzarine a deviné que la terre est là... Mais, qui pourra les tirer de leur prison ! Dieu ne voudra-t-il pas les secourir ?

L'enfant se lève et s'arc-boute, la tête au couvercle du tonneau. Il se contracte. Le couvercle est enfoncé. La mère et l'enfant sont sauvés !

Ils voient une colline qui s'élève au milieu d'une plaine immense. Un chêne vert couronne cette colline. La mer bleue entoure la plaine.

L'enfant dit :

— Un bon repas serait le bienvenu !

Il coupe une branche de chêne et la courbe en

arc. Il prend ensuite le cordon de soie auquel est sus-
pendue sa croix, et le tend sur son arc. Il transforme
en flèche légère une autre petite branche. Cela fait, il
part à travers champ, à la recherche de quelque gibier.

Il venait d'arriver au bord de la mer, lorsqu'il entendit un gémissement. Il regarde de tous
côtés. Il aperçoit un cygne, qui se débat sur les flots.
Un milan plane au-dessus de lui. Le cygne, qui
s'efforce de fuir, agite ses ailes. Déjà, le rapace a
ouvert ses serres et son bec ensanglanté. Mais, la
flèche du prince a sifflé. Elle atteint le milan au
cou. Le sang de l'oiseau s'égoutte sur les vagues. Le
Tzarevitch baisse son arc. Le milan tombe dans la mer
en jetant des cris qui ne sont pas ceux d'un oiseau.

Le cygne nage autour de son féroce agresseur.
Il le becquète avec violence. A grands coups d'ailes, il
achève de le noyer. Cela fait, il dit au prince, en russe :

— Tu es mon sauveur, mon puissant libéra-
teur ! Ne t'afflige pas, si, par ma faute, tu ne
manges pas durant trois jours parce que ta flèche est
allée se perdre dans la mer... Malheur infime ! Je te
prouverai bientôt ma reconnaissance. Ce n'est pas un
cygne que tu as délivré, mais une jeune fille. Ce n'est
pas un milan que tu as tué, mais un sorcier. Je ne
l'oublierai pas, et tu me trouveras toujours. Maintenant, va te reposer tranquillement...

Le cygne s'envola.

E Tzarevitch et la Tzarine décidèrent de dormir à jeûn. Soudain, le prince ouvre les yeux. Rêve-t-il encore ? Emerveillé, il voit une grande ville. Derrière ses blancs remparts dentelés brillent des clochers d'églises et de couvents. Il réveille aussitôt sa mère. Elle jette un cri...

— Nous en verrons d'autres, dit l'enfant, car mon cygne s'est mis à l'œuvre !

La Tzarine et son fils s'avancent vers cette ville. A peine en ont-ils franchi la porte, qu'un carillon formidable retentit.

Le peuple accourt à leur rencontre. Dans les églises, des chœurs remercient Dieu. Dans les rues, des carrosses dorés transportent des courtisans chamarrés, qui vont saluer les nouveaux venus. On coiffe

le Tzarevitch d'une couronne de prince. On le pro-
clame, ensuite, souverain.

Avec le consentement de sa mère l'enfant entra
dans sa capitale, où il commença de régner, le même
jour, sous le nom de Gvidone.

Le vent souffle sur la mer et pousse un navire
qui fend les ondes, toutes voiles tendues. Son équi-
page, debout sur le pont, croit rêver... Un miracle s'est
produit dans cette île que les matelots connaissent
bien. Une ville a surgi là, hérissée de coupoles d'or.
Une baie s'est creusée là, protégée par une digue.

Voici que des canons tonnent. On signale au navire d'aborder. Ses passagers débarquent sur la digue.
Le prince Gvidone les reçoit, leur offre à boire, à manger et leur dit :

— Quel commerce faites-vous, mes hôtes ? Vers
quel pays vous dirigez-vous ?

Un des voyageurs lui répond :

— Nous avons parcouru le vaste monde. Nous
avons vendu des peaux de zibelines, de renards. Mais
nous ne sommes pas au terme de notre traversée, car
nous allons cingler vers l'Orient, vers le royaume de
l'illustre Tzar Saltan' qui est en face de l'île Bouïan'.

Le prince dit alors :

— Je vous souhaite de voguer heureusement
jusqu'au pays de l'illustre Tzar Saltan' ! Transmettez-lui mon salut.

L E navire s'éloigne. Gvidone le contemple avec
mélancolie.

Tout à coup, il aperçoit le cygne blanc que
la mer bleue balance.

— Bonjour, beau prince ! module l'oiseau.
Pourquoi es-tu triste comme un matin d'automne ?

Gvidone répond :

— L'ennui me ronge. Je ne sais quelle nostal-
gie envahit mon âme. Je voudrais voir mon père...

— Ce n'est que cela ? crie le cygne. Ecoute...
Veux-tu suivre ce navire qui va disparaître ?

— Oui...

Le cygne étend ses ailes et en frappe une vague,
qui inonde le prince, de la tête aux pieds. Et voici
Gvidone transformé en tout petit moustique. Il s'envole entre le ciel bleu et la mer bleue. Il rejoint le

voilier qui est déjà au large. Il se pose doucement sur un mât, puis se glisse dans une fente du pont.

La brise est favorable. Le navire bondit vers le royaume de l'illustre Saltan'. On distingue déjà les côtes du pays désiré.

Les voyageurs sont arrivés. Le Tzar les attend dans son palais. Ils se mettent en route. Le petit moustique les suit. Que voit-il, enfin ? Saltan', assis sur son trône, vêtu d'étincelantes broderies dorées, et coiffé d'une couronne.

Mais, le Tzar est triste. La Tisseuse, la Cuisinière et leur vieille parente Babarikha, sont accroupies près de lui. Elles cherchent à scruter ses pensées.

Saltan' prie les voyageurs de s'asseoir à sa table.

— Etrangers, leur dit-il, depuis combien d'années avez-vous quitté vos demeures ? Quels pays avez-vous traversés ? Comment vit-on outre-mer ? Un miracle s'est-il produit, ici-bas ?

Un voyageur lui répond :

— Nous avons parcouru le vaste monde. Tout va bien sur cette terre. Et nous avons vu un miracle. C'était dans une île sauvage et désolée, où s'étalait une morne plaine. Un seul arbre, un chêne, y poussait. Maintenant, une ville s'élève là, une ville immense, avec des églises à coupoles d'or, des jardins et des kiosques. Le prince Gvidone, qui règne sur cette cité, nous a priés de te saluer de sa part.

Stupéfait, le Tzar Saltan' dit :

— Si Dieu me prête vie, j'irai voir cette île singulière et je passerai quelques jours chez le prince Gvidone.

Mais, la Tisseuse, la Cuisinière et leur vieille parente Babarikha, ne veulent pas laisser partir Saltan'.

— En vérité, le beau miracle qu'il y a eu dans cette île ! lui dit la Cuisinière en clignant un œil. Une ville près de la mer ? Moi, je vais vous parler d'un vrai prodige... Dans une forêt, il y a un sapin. Dans ce sapin, il y a un écureuil. Et cet écureuil chante des chansons en grignotant des noisettes, qui ne sont pas ordinaires. Leur coquille est en or. Leur pulpe est en émeraude. Voilà ce qu'on appelle un miracle !

Le Tzar s'émerveille de ce qu'il vient d'entendre.

Le prince Gvidone est entré en fureur. Il enfonce son aiguillon dans l'œil droit de sa tante. La Cuisinière pâlit, s'évanouit, et se réveille borgne.

La Tisseuse, la vieille parente et les serviteurs chassent le coupable à grands cris.

— Maudit moucheron ! Attends un peu !

Mais, Gvidone a déjà fui par la fenêtre. Il vole tranquillement au-dessus des flots. Il vole vers son royaume.

Gvidone se promène au bord de la mer bleue. Il regarde la mer bleue. Soudain, il aperçoit le cygne blanc, qu'une vague berce.

— Bonjour, beau prince ! module l'oiseau. Pourquoi es-tu triste comme un matin d'automne ?

Gvidone répond :

— L'ennui me ronge. Je voudrais voir un prodige dont j'ai entendu parler. Dans une forêt, il y a un sapin. Dans ce sapin, il y a un écureuil. Et cet écureuil chante des chansons en grignotant des noisettes, qui ne sont pas ordinaires. Leur coquille est en or. Leur pulpe est en émeraude. Voilà ce qu'on appelle un miracle ! Pourtant, ce n'est peut-être là qu'un mensonge des hommes...

— Ils disent vrai, crie le cygne. Ne t'afflige plus, mon ami, mon âme ! En témoignage de mon affection, je te montrerai ce prodige.

Joyeux, le prince regagne son palais. Quelle est sa surprise ! Dans la cour d'honneur, au pied d'un sapin qu'entourent ses amis, un écureuil grignote une noisette d'or dont il a jeté le noyau en émeraude. Le gracieux animal a brisé en petits morceaux l'écorce de la noisette et chante la chanson qui commence ainsi : « *Dans le jardin, dans le potager...* »

Très étonné, le prince Gvidone dit :

— C'est encore le cygne ! Je te remercie, cher oiseau. Que Dieu te rende aussi heureux que moi...

Pour l'écureuil, il fait construire un petit palais de cristal que gardera une sentinelle, et il ordonne à son secrétaire de tenir un compte exact des coques de noisettes que l'on y trouvera.

Le prince eut ainsi le profit. L'écureuil eut les honneurs.

Le vent souffle sur la mer et pousse un navire qui fend les ondes, toutes voiles tendues. Il approche de l'île où s'élève la grande cité.

Voici que des canons tonnent. On signale au navire d'aborder. Les passagers débarquent sur la digue. Gvidone les reçoit, leur offre à boire, à manger, et leur dit :

— Quel commerce faites-vous, mes hôtes. Vers quel pays vous dirigez-vous ?

Un des voyageurs lui répond :

— Nous avons parcouru le vaste monde. Nous avons vendu des chevaux du Don... Mais, nous ne sommes pas encore au terme de notre traversée, car nous allons vers l'Orient, vers le royaume de l'illustre Tzar Saltan', qui est en face de l'île Bouïan'.

Le prince dit alors :

— Je vous souhaite de voguer heureusement jusqu'au pays de l'illustre Tzar Saltan'. Transmettez-lui mon salut !

Les voyageurs s'inclinent devant Gvidone, sortent du palais et montent sur leur navire.

Gvidone, au bord de la mer, suit des yeux la nef qui s'éloigne. Non loin du rivage, une vague berce le cygne.

— Bel oiseau, gémit le prince, mon âme voudrait partir aussi...

TTENDANT ses ailes le cygne en frappe la vague, qui inonde le prince de la tête aux pieds. Et voici Gvidone transformé en mouche. Il s'envole, entre le ciel bleu et la mer bleue. Il rejoint le voilier, qui est déjà au large. Il se pose doucement sur un mât, puis se glisse dans une fente du pont.

La brise est favorable. Le navire bondit vers le royaume de l'illustre Saltan'. On distingue déjà les côtes du pays désiré.

Les voyageurs sont arrivés. Le Tzar les attend dans son palais. Ils se mettent en route. La mouche les suit. Que voit-elle, enfin? Saltan', assis sur son trône, vêtu d'étincelantes broderies dorées et coiffé

30

d'une couronne. Mais le Tzar est triste. La Tisseuse,
la Cuisinière et leur vieille parente Babarikha, sont
accroupies près de lui et le regardent, comme de
méchants crapauds.

Saltan' prie les voyageurs de s'asseoir à sa table.

— Etrangers, leur dit-il, depuis combien
d'années avez-vous quitté vos demeures ? Quels pays
avez-vous traversés ? Comment vit-on outre-mer ?
Un miracle s'est-il produit, ici-bas ?

Un des voyageurs lui répond :

— Nous avons parcouru le vaste monde. Tout
va bien sur cette terre. Et nous avons vu un miracle ! C'était dans une île. C'était dans la cité qui est
l'orgueil de cette île, une cité immense, avec des
églises à coupoles d'or, des jardins, des kiosques. Un
sapin croît devant le palais du souverain de cette
île. Un écureuil apprivoisé habite un pavillon de
cristal qui a été élevé autour du sapin. Cet écureuil n'est pas ordinaire. Il chante des chansons en
grignotant des noisettes. Ces noisettes ne sont pas
ordinaires. Leur coquille est en or. Leur pulpe est
en émeraude. Des serviteurs gardent l'écureuil et
préviennent ses moindres désirs. Un secrétaire doit
tenir un compte rigoureux des noisettes. L'armée rend
constamment les honneurs à la gracieuse petite bête.
Avec les coquilles des noisettes qu'elle abandonne,
on frappe de la monnaie qui a cours dans l'univers
entier. Des femmes entassent les émeraudes dans des

caves secrètes. Tout le monde est riche, dans cette île.
On n'y voit aucune chaumière. Partout, des palais.
Le prince Gvidone, qui règne là, nous a priés de te
saluer de sa part.

Stupéfait, le Tzar Saltan' dit :

— Si Dieu me prête vie, j'irai voir cette île singulière et je passerai quelques jours chez le prince
Gvidone.

Mais, la Tisseuse, la Cuisinière et leur vieille parente Babarikha, ne veulent pas laisser partir Saltan'.

— En vérité, le beau miracle qu'il y a eu dans
cette île ! lui dit la Tisseuse avec un mauvais sou-
rire. Un écureuil qui casse des noisettes d'or aux
pulpes d'émeraude ? Que cette histoire soit vraie ou
fausse, elle n'a guère de quoi étonner. Il y a un tout
autre prodige, en ce monde. Dans une certaine région,
chaque matin, la mer inonde une certaine plage
déserte. Quand les flots se retirent, trente-trois guerriers gigantesques, très beaux, de taille égale et vêtus
de cottes de mailles fulgurantes, apparaissent. A leur
tête, se trouve le sage vieillard Tchernomor. Voilà un
miracle ! On peut l'affirmer.

Les voyageurs se taisent. Ils ne veulent pas
contredire la Tisseuse.

Le Tzar s'émerveille de ce qu'il vient d'entendre.

Le prince Gvidone est entré en fureur. Il fonce
sur l'œil gauche de sa tante. La Tisseuse, pâlit, jette
un cri, et devient borgne. On clame :

— Ecrasez cette mouche ! Ecrasez-la... Attends un peu ! Attends...

Gvidone a déjà fui par la fenêtre. Il vole tranquillement au-dessus des flots. Il vole vers son royaume.

Gvidone se promène au bord de la mer bleue. Il regarde la mer bleue. Soudain, il aperçoit le cygne blanc, qu'une vague berce encore.

— Bonjour, beau prince ! module l'oiseau. Pourquoi es-tu triste comme un matin d'automne ?

Il répond :

— L'ennui me ronge. Je voudrais voir, dans mon royaume, un prodige...

— Lequel ? dit le cygne.

— Je voudrais voir les trente-trois guerriers gigantesques, très beaux, de taille égale et vêtus de cottes de mailles fulgurantes, qui apparaissent sur une plage quand la mer vient de l'inonder. A leur tête se trouve le sage vieillard Tchernomor...

— Ce n'est que cela ? fait l'oiseau. Je connais ce prodige. Ne t'afflige plus, mon ami, mon âme ! Ces héros de la mer sont mes frères. Regagne ton palais et attends leur visite.

Le prince est debout, au sommet de sa tour. Il a oublié son chagrin. Il regarde la mer. Tout à coup, elle bouillonne, gronde, et s'élance vers le rivage, où elle laisse trente-trois guerriers bien alignés, dont les cottes de mailles étincellent.

Guidés par un vieillard à la chevelure blanche, ces héros se dirigent vers la ville. Afin de les recevoir, Gvidone descend aussitôt de sa tour.

Le peuple se précipite à la rencontre des guerriers. Le vieillard dit au prince :

— Le cygne nous a ordonné de venir surveiller ta belle capitale. Nous y monterons la garde. Chaque jour, nous sortirons du sein des eaux pour aller sous tes remparts. Donc, tu nous reverras bientôt. Maintenant, nous devons rentrer dans la mer. Nous ne pouvons respirer sur la terre.

La brillante cohorte disparut.

Le vent souffle sur la mer et pousse un navire qui fend les ondes, toutes voiles tendues. Il approche de l'île où s'élève la grande cité.

Voici que des canons tonnent. On signale au navire d'aborder. Ses passagers débarquent sur la digue. Le prince Gvidone les reçoit, leur offre à boire, à manger, et leur dit :

— Quel commerce faites-vous, mes hôtes ? Vers quel pays vous dirigez-vous ?

Un des voyageurs lui répond :

— Nous avons parcouru le vaste monde. Nous avons vendu de l'acier de Damas, de l'argent et de l'or. Mais, nous ne sommes pas au terme de notre traversée, car nous allons vers l'Orient, vers le royaume de l'illustre Tzar Saltan', qui est en face de l'île Bouïan'.

Le prince dit alors :

— Je vous souhaite de voguer heureusement jusqu'au pays de l'illustre Tzar Saltan'! Transmettez-lui mon salut.

Les voyageurs s'inclinent devant Gvidone, sortent du palais et montent sur leur navire.

Gvidone, au bord de la mer, suit des yeux la nef qui s'éloigne. Non loin du rivage, une vague berce toujours le cygne.

— Bel oiseau, gémit le prince, mon âme voudrait partir aussi...

Le cygne étend ses ailes et en frappe la vague, qui inonde le prince de la tête aux pieds. Et voici Gvidone transformé en frelon. Il s'envole entre le ciel bleu et la mer bleue. Il rejoint le voilier, qui est déjà au large. Il se pose doucement sur un mât, puis se glisse dans une fente du pont.

La brise est favorable. Le navire bondit vers le royaume de l'illustre Saltan'. On distingue déjà les côtes du pays désiré.

Les voyageurs sont arrivés. Le Tzar les attend dans son palais. Ils se mettent en route. Le frelon les suit... Que voit-il, enfin ? Saltan', assis sur son trône, vêtu d'étincelantes broderies dorées, et coiffé d'une couronne. Mais, le Tzar est triste. La Tisseuse, la Cuisinière et leur vieille parente Babarikha, sont accroupies près de lui et le regardent avec inquiétude.

Saltan' prie les voyageurs de s'asseoir à sa table.

— Etrangers, leur dit-il, depuis combien d'années avez-vous quitté vos demeures ? Quels pays avez-vous traversés ? Comment vit-on outre-mer ? Un miracle s'est-il produit, ici-bas ?

Un des voyageurs lui répond :

— Nous avons parcouru le vaste monde. Tout va bien sur cette terre. Et nous avons vu un miracle. C'était dans une île. Là, chaque matin, la mer inonde une certaine plage déserte. Quand les flots se retirent, trente-trois guerriers gigantesques, très beaux, de taille égale et vêtus de cottes de mailles fulgurantes, apparaissent. Guidés par le sage vieillard Tchernomor, ils vont monter la garde autour de cette île, dont le souverain, le prince Gvidone, nous a priés de te saluer, de sa part.

Stupéfait, le Tzar Saltan' dit :

— Si Dieu me prête vie, j'irai voir cette île singulière et je passerai quelques jours chez le prince Gvidone.

La Tisseuse et la Cuisinière demeurent silencieuse. Babarikha dit :

— En vérité, le beau miracle qu'il y a eu dans cette île ! Des hommes qui sortent de la mer et vont monter une garde ? Que cette histoire soit vraie ou fausse, elle n'a guère de quoi nous étonner. Il y a un autre prodige dans l'univers. Par exemple, tout le monde sait qu'existe une princesse tellement belle que l'on ne peut se lasser de la contempler. Le jour, sa splendeur fait pâlir la lumière du ciel. La nuit, elle illumine la terre. Le croissant de la lune brille dans sa chevelure. Une étoile brille sur son front. Elle a la majestueuse démarche d'un paon. Sa voix est un murmure de ruisseau. Voilà un miracle ! On peut l'affirmer.

Les voyageurs se taisent. Ils ne veulent pas contredire cette femme âgée.

Le Tzar s'émerveille de ce qu'il a entendu. Quoique furieux, le prince Gvidone a pitié des yeux de Babarikha. Il voltige autour d'elle en bourdonnant, se pose sur son nez et le pique. Une pustule se forme sur le nez de la vieille. On crie :

— Ecrasez ce frelon ! Ecrasez-le... Attends un peu ! Attends...

Gvidone a déjà fui par la fenêtre. Il vole tranquillement au-dessus des flots. Il vole vers son royaume.

VIDONE se promène au bord de la mer bleue. Il regarde la mer bleue. Soudain, il aperçoit le cygne blanc, qu'une vague berce encore.

— Bonjour, beau prince ! module l'oiseau. Pourquoi es-tu triste comme un matin d'automne ?

Il répond :

— L'ennui me ronge. Tous les hommes se marient. Moi seul ne suis pas marié.

— Penses-tu à une jeune fille ? dit le cygne.

— Oui, à une jeune fille tellement belle que l'on ne peut se lasser de la contempler. Le jour, sa splendeur fait pâlir la lumière du ciel. La nuit, elle illumine la terre. Le croissant de la lune brille dans sa chevelure. Une étoile brille sur son front. Elle a la majestueuse démarche d'un paon. Sa voix est un murmure de ruisseau. Mais, est-ce vrai qu'elle existe ?

Anxieux, il attend la réponse de l'oiseau.

Le cygne réfléchit en silence.

— Elle existe, prononce-t-il soudain. Mais, une épouse n'est pas un gant. Tu ne pourras guère la laisser tomber de ta blanche main. Tu ne pourras, non plus, la mettre dans ta ceinture. Ecoute... Je vais te donner un bon conseil. Tu voudras bien y réfléchir, afin de ne pas te dédire ensuite.

Gvidone prend Dieu à témoin. Il déclare qu'il est temps pour lui de se marier et qu'il a réfléchi aux conséquences de cet acte. Il affirme, aussi, qu'il irait chercher au bout du monde la jeune princesse dont la beauté embrase son âme.

Le cygne lui répond :

— Pourquoi si loin ? Sache que ton bonheur est tout près d'ici. Sache que je suis cette princesse.

Et le cygne s'envole dans le ciel, puis descend sur le rivage. Il se pose sur un arbuste. Il secoue ses ailes et se transforme en princesse. Le croissant de la lune brille dans sa chevelure. Une étoile brille sur son front. Elle a la sveltesse d'un paon. Sa voix est un murmure de ruisseau.

Le prince enlace la princesse, la serre contre son cœur et la conduit aussitôt vers sa mère bien-aimée.

A genoux devant la Tzarine, Gvidone dit :

— O ma mère, j'ai choisi une épouse qui sera ta fille respectueuse. Nous te demandons de nous bénir, pour que nous soyons heureux et que nous nous aimions.

La Tzarine posa une icône sur leurs têtes réunies.

En pleurant, elle murmura :

— Dieu vous protégera.

Gvidone épousa la princesse. Ils furent heureux.

Le vent souffle sur la mer et pousse un navire qui fend les ondes, toutes voiles tendues. Il s'approche de l'île où s'élève la grande cité.

Des canons tonnent. On signale au navire d'aborder.

Les passagers débarquent sur la digue. Le prince Gvidone les reçoit, leur offre à boire, à manger, et leur dit :

— Quel commerce faites-vous, mes hôtes ? Vers quels pays vous dirigez-vous ?

Un des voyageurs lui répond :

— Nous avons parcouru le vaste monde. Nous avons vendu des marchandises prohibées. Mais, nous ne sommes pas au terme de notre traversée, car nous regagnons notre pays qui est le royaume de l'illustre Tzar Saltan'.

Le prince dit alors :

— Je vous souhaite de voguer heureusement jusqu'au royaume de l'illustre Tzar Saltan'. Veuillez rappeler à votre souverain qu'il avait l'intention de

venir me voir et que je l'ai vainement attendu.
Transmettez-lui mon salut !

Les voyageurs s'inclinent devant Gvidone, sortent
du palais et montent sur leur navire.

Cette fois, pour ne pas se séparer de sa femme, le
prince ne va pas les regarder partir.

La brise est favorable. Le navire bondit vers le
royaume de l'illustre Saltan'. On distingue déjà les
côtes du pays désiré.

Les voyageurs sont arrivés. Le Tzar les attend
dans son palais. Ils se mettent en route. Que voient-
ils, enfin ? Saltan' assis sur son trône et coiffé d'une
couronne. La Tisseuse, la Cuisinière et leur vieille
parente Babarikha, sont assises près de lui et le
contemplent.

Saltan' prie les voyageurs de s'asseoir à sa table.

— Etrangers, leur dit-il, depuis combien
d'années avez-vous quitté vos demeures ? Quels pays
avez-vous traversés ? Comment vit-on outre-mer ?
Un miracle s'est-il produit, ici-bas ?

Un des voyageurs lui répond :

— Nous avons parcouru le vaste monde. Tout
va bien sur cette terre. Et nous avons vu un miracle.
C'était dans une île. C'était dans la cité qui est
l'orgueil de cette île, une cité immense, avec des
églises aux coupoles d'or, des jardins, des kiosques.
Un sapin croît devant le palais du souverain de cette

île. Et un écureuil apprivoisé habite un pavillon de cristal qui a été élevé autour du sapin. Cet écureuil n'est pas ordinaire. Il chante des chansons en grignotant des noisettes. Ces noisettes ne sont pas ordinaires. Leur coquille est en or. Leur pulpe est en émeraude. On soigne, on cajole l'écureuil. Il y a, encore, un autre prodige, dans cette île. Chaque matin, la mer inonde une certaine plage déserte. Quand les flots se retirent, trente-trois guerriers gigantesques, très beaux, de taille égale et vêtus de cottes de mailles fulgurantes, apparaissent. Guidés par le sage vieillard Tchernomor, ils vont monter la garde autour de l'île. Et le roi de cette île a une femme tellement belle que l'on ne peut se lasser de la contempler. Le jour, sa splendeur fait pâlir la lumière du ciel. La nuit, elle illumine la terre. Le croissant de la lune brille dans sa chevelure. Une étoile brille sur son front. Le prince Gvidone est le souverain de cette île. Tous ses sujets chantent ses louanges. Il nous a priés de te saluer et de te transmettre ses reproches : « Le Tzar Saltan' avait l'intention de venir me voir, a-t-il dit. Je l'ai vainement attendu. »

Saltan' ne peut plus vaincre son impatience. Il ordonne à sa flotte de se préparer à prendre la mer. Mais, la Tisseuse, la Cuisinière et leur vieille parente Babarikha, ne veulent pas le laisser partir. Il ne les écoute plus.

— Qui suis-je ? gronde-t-il. Le Tzar ou un enfant ? Je pars aujourd'hui.

Assis près d'une fenêtre de son palais, Gvidone regarde la mer. Elle est calme. Elle ondule à peine.
Soudain, à l'horizon d'azur, une flotte ! A l'horizon d'azur, la grande flotte du Tzar Saltan' !
Gvidone s'est élancé.
— Ma mère, ma mère... et toi, jeune princesse, accourez ! Mon père arrive...
Les navires grandissent. Gvidone a braqué sur eux une lunette d'approche. Il aperçoit, debout sur la plus belle nef, le Tzar qui regarde aussi dans une longue-vue. La Tisseuse, la Cuisinière et leur vieille parente Babarikha, sont près de lui. Tous admirent ce pays inconnu.
Les canons tonnent. Les cloches sonnent.
Le prince Gvidone se rend au bord de la mer. Il reçoit le Tzar, la Tisseuse, la Cuisinière, leur vieille parente Babarikha, puis il les guide vers la ville.

Le cortège va pénétrer dans le palais. Le Tzar passe en revue les trente-trois guerriers gigantesques, très beaux, et de taille égale, qui sont là aussi, avec Tchernomor.
Saltan' entre dans la grande cour.
Sous le svelte sapin, l'écureuil chante une chanson. Il grignote une noisette d'or. Il en sort une éme-

raude qu'il met dans un sac. La grande cour est par-
semée de coquilles d'or.

Béants de surprise, les hôtes de Gvidone s'avancent toujours. Et ils voient la princesse. Le croissant de la lune brille dans sa chevelure. Une étoile
brille sur son front. Elle a la majestueuse démarche
du paon. Elle se dirige vers sa belle-mère.

Le Tzar regarde sa femme et son fils. Il les a
reconnus! Son cœur saute dans sa poitrine.

— Que vois-je? Hé! Quoi! Est-ce possible? bal-
butie-t-il.

Il est sur le point de s'évanouir. Ses larmes
ruissellent. Il serre dans ses bras la Tzarine, son
fils et la jeune princesse.

Enfin, ils se mettent à table. Le festin commence.

La Tisseuse, la Cuisinière et leur vieille parente
Babarikha se sont échappées. Elles se cachent. On
les retrouve. Elles avouent leur méchanceté.

Elles implorent leur pardon, en pleurant.
Pour célébrer ce grand jour, Saltan'
leur fait grâce et les renvoie dans
leur pays. La fête est termi-
née. On emporte dans sa
chambre le Tzar, à
moitié ivre.

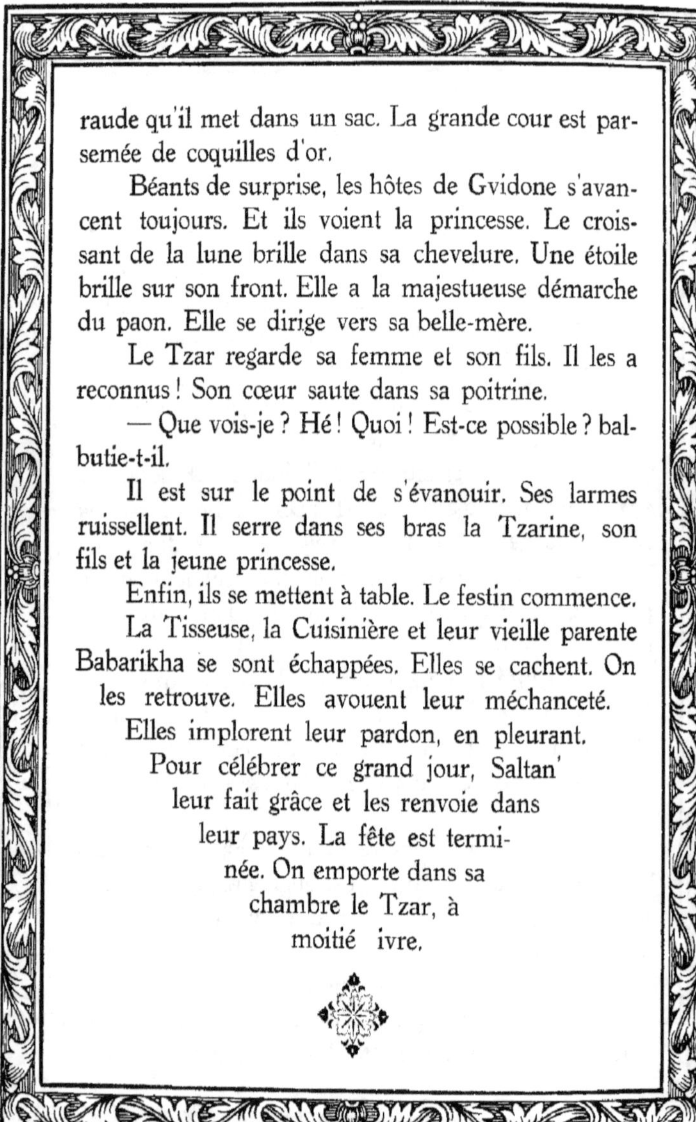

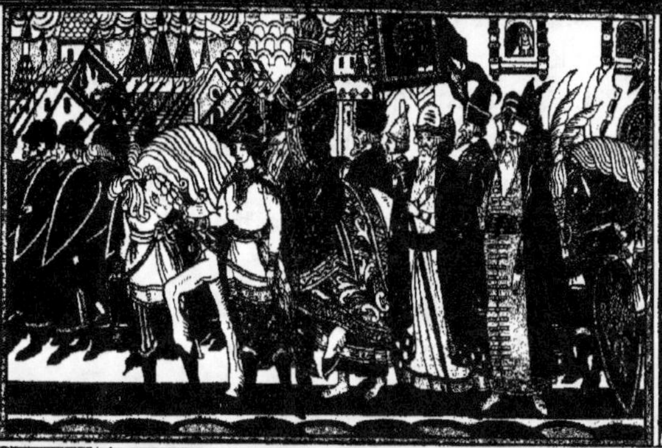

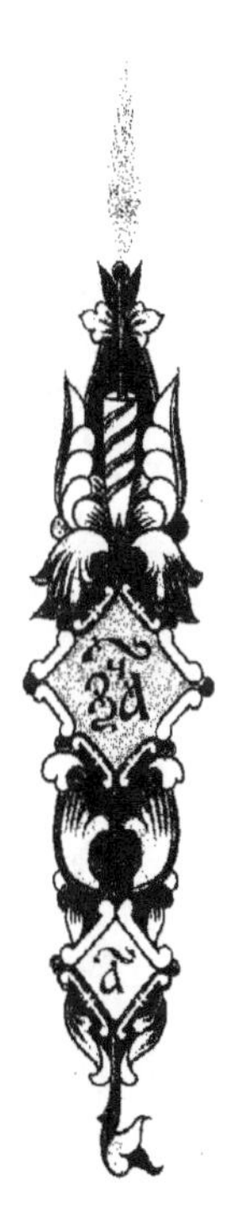

LA PRINCESSE MORTE ET LES SEPT HÉROS

LE Tzar dit adieu à la Tzarine. Il allait faire un très long voyage.

Et la Tzarine, assise, seule, près d'une fenêtre, commença d'attendre le retour du Tzar.

Elle restait là, du matin au soir, et ne cessait pas de regarder la plaine.

Elle la regardait tant, qu'elle en avait mal aux yeux. Son ami chéri ne revenait pas. Elle ne voyait que la neige qui tombait à gros flocons sur la plaine blanche.

Neuf mois s'écoulèrent. Elle attendait toujours. La veille de Noël, pendant la nuit, Dieu lui donna une fille.

Le voyageur qu'elle attendait jour et nuit, le Tzar, arriva enfin, un matin. Elle le contempla. Elle soupira douloureusement. A bout de forces, elle expira. C'était à l'heure de la messe.

Le Tzar fut longtemps inconsolable. Mais, que pouvait-il faire ? Il n'était qu'un homme.

Une année passa, rapide comme un songe vain. Et le Tzar se remaria. En vérité, sa nouvelle épouse était une Tzarine. Grande, svelte, blanche, elle avait un esprit remarquable, et des qualités, rares, aussi. Seulement, elle était coquette, fantasque, envieuse.

Parmi ses présents, elle avait trouvé un petit miroir, qui parlait. Avec lui seul, elle était douce et gaie. Avec lui seul, elle plaisantait avec grâce et minaudait.

Elle lui disait :

— Ma lumière, dis-moi toute la vérité... Suis-je la femme la plus belle, la plus fraîche, la plus blanche du monde entier ?

— Evidemment, Tzarine, répondait le miroir, tu es la plus belle, la plus fraîche, la plus blanche du monde entier...

LA PRIN
CESSE
MORTE ET
LES SEPT
HÉROS

Et la Tzarine éclatait de rire, haussait les épaules, clignait de l'œil, faisait claquer ses doigts, puis tournoyait, les poings aux hanches, en se regardant avec orgueil dans le miroir.

La fille du Tzar grandissait et s'épanouissait. Son visage avait la blancheur de la neige. Ses sourcils étaient noirs. Elle avait un caractère charmant. Le prince Elisséï la demanda en mariage. Son délégué arriva. Le Tzar donna sa parole. On fixa la dot : sept villes industrielles et cent quarante palais.

La veille des noces, la Tzarine, en s'habillant, demanda à son miroir :

— Suis-je la femme la plus belle, la plus fraîche, la plus blanche du monde entier ?

— Evidemment, tu es belle, répondit-t-il, mais la princesse est la plus belle femme, la plus fraîche et la plus blanche du monde entier...

Elle sursauta, leva le bras, et frappa le miroir, en tapant du pied.

— Tu n'es qu'un misérable morceau de verre ! s'écria-t-elle. Tu mens pour me vexer. La fille du Tzar ose-t-elle se comparer à moi ? Je la materai vite... Voilà donc ce qu'elle est devenue en grandissant ? Rien d'étonnant qu'elle soit blanche... Sa mère, pendant sa grossesse, passait son temps à regarder la neige. Voyons, dis... Comment peut-elle être mieux que moi ? Avoue que je suis la plus belle. Parcours notre royaume, parcours même l'univers, tu ne trouveras pas une femme qui me ressemble. Est-ce vrai ?

— Cependant, la princesse est la femme la plus belle, la plus fraîche, la plus blanche, répondit le miroir.

Suffoquée de jalousie, elle le jeta sous un tabouret. Elle appela Tcherniavka. Elle ordonna à cette servante d'emmener la princesse dans une forêt et de l'attacher à un arbre pour qu'elle fût dévorée par les loups.

Le diable lui-même n'a aucun pouvoir sur une femme en colère. Tout expédient était donc inutile. Tcherniavka emporta la princesse dans une forêt si profonde, que la malheureuse devina le sort qui l'attendait.

— Mon amie, ma vie, quelle faute ai-je donc commise ? répétait-elle avec terreur à la servante. Ne me fais pas mourir ! Lorsque je serai Tzarine, je te témoignerai ma reconnaissance...

Tcherniavka, qui aimait la princesse, ne l'attacha pas à un arbre, mais l'abandonna en disant :

— Ne pleure pas, et que Dieu te protège !

Tcherniavka regagna le palais.

— Où est la jeune fille ? lui demanda la Tzarine.

Elle répondit :

— Là-bas, seule, dans la forêt... bien attachée à un arbre. Si des loups féroces la découvrent, elle ne souffrira guère.

N répandit le bruit que la princesse avait disparu. Le Tzar pleura beaucoup. Le prince Elisséï adressa de ferventes prières à Dieu, et partit à la recherche de sa fiancée chérie. Le lendemain, à l'aurore, durant qu'elle essayait de sortir de la forêt, la jeune fille aperçut une petite maison. Un chien vint à sa rencontre, en aboyant. Il se tut aussitôt, et se mit à la suivre, comme s'il l'avait reconnue. Elle poussa la porte de la petite maison. Elle se trouva dans une cour. Le chien la suivait toujours. Il léchait ses mains. Il gambadait.

La princesse tira une porte qui donnait dans une salle claire où il y avait des bancs couverts de tapis, un poële en faïence et une table en chêne, placée sous les saintes icônes. L'infortunée se rendit compte que c'était là une maison de braves gens et qu'elle y serait en sûreté. Mais, pourquoi cette demeure est-elle vide ?

Elle fit le tour du logis, l'inspecta, y mit de l'ordre. Après avoir allumé un petit cierge qu'elle consacra à Dieu, elle alla se coucher dans une soupente. Elle avait, aussi, allumé le poële.

C'est l'heure du dîner. Un grand bruit, dans la cour ! Et sept chevaliers vermeils, moustachus, décidés, entrent dans la maison.

— Quel prodige ! s'écrie l'aîné. Cette propreté, cet ordre ! Qui donc a travaillé ici, pendant notre absence ? Apparais, et deviens notre ami, laborieux inconnu ! Si tu es âgé, tu seras notre oncle ! Si tu es un solide gars, tu seras notre frère. Si tu es une femme, et vieille, tu seras notre mère. Si tu es une jeune fille, tu seras notre sœur.

La princesse sortit de son réduit. Elle fit une révérence aux sept chevaliers vermeils. En rougissant, elle s'excusa d'avoir pénétré sans permission dans leur demeure.

Les sept chevaliers pensèrent que cette jeune fille était une princesse. Il la prièrent de s'asseoir à la place d'honneur, sous les icônes. Ils lui offrirent un gâteau, et un verre de vin sur un plateau. Elle refusa le vin, mais elle coupa le gâteau. Elle n'en prit qu'un petit morceau. Comme elle était très lasse,

elle demanda à ses hôtes l'autorisation d'aller dormir.

Et les sept chevaliers la conduisirent dans une jolie chambre, où ils l'abandonnèrent au sommeil.

Le temps passe. La princesse habite toujours la demeure des sept chevaliers. Elle ne s'ennuie pas. Le matin, à l'aube, les jeunes hommes partent gaiement à la chasse au canard gris. Quelquefois, ils vont s'exercer au tir, ou bien à faire voler, d'un beau coup de sabre, la tête d'un Tartare. Souvent, encore, ils vont poursuivre dans la forêt quelque circassien de Piatigorsk.

En véritable maîtresse de maison, la princesse ne quitte pas le logis. Elle y arrange tout. Elle prépare tout. Les sept chevaliers approuvent ce qu'elle fait. Le temps passe.

A présent, les sept chevaliers aiment la belle jeune fille. Un matin, à l'aube, ils entrèrent dans sa chambre, et l'aîné dit, incliné :

— Tu le sais, jeune fille, tu es notre sœur. Nous sommes sept, et nous t'aimons. Chacun de nous serait heureux de t'avoir pour femme, mais c'est impossible ! Au nom du Seigneur, décide... Sois l'épouse de l'un de nous ! Sois la gracieuse sœur des autres ! Pourquoi secoues-tu la tête ? Pourquoi nous refuses-tu ? La marchandise ne plaît-elle pas au marchand ?

— Elle répondit :

— Beaux chevaliers, mes frères, que Dieu me

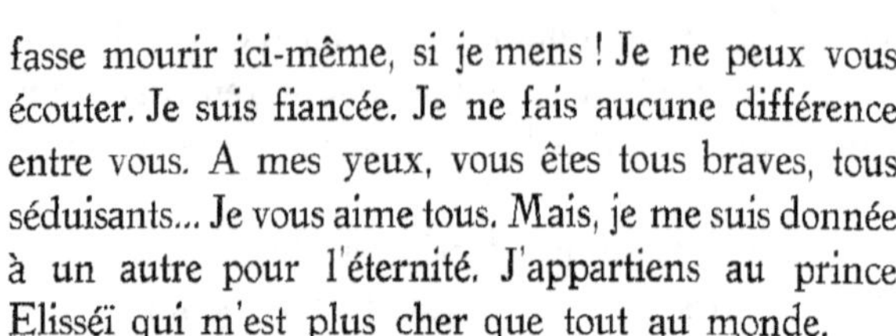

fasse mourir ici-même, si je mens ! Je ne peux vous écouter. Je suis fiancée. Je ne fais aucune différence entre vous. A mes yeux, vous êtes tous braves, tous séduisants... Je vous aime tous. Mais, je me suis donnée à un autre pour l'éternité. J'appartiens au prince Elisséï qui m'est plus cher que tout au monde.

Les sept frères se taisaient. Ils se grattaient la tête, embarrassés. L'aîné dit, toujours incliné :

— Exprimer une demande n'est pas un péché. Puisqu'il en est ainsi, je ne te parlerai plus de cela.

— Je comprends votre situation. Ne m'en veuillez pas d'avoir refusé votre offre, termina doucement la princesse.

Et les sept chevaliers sortirent en silence. L'harmonie continua de régner dans la petite maison.

La Tzarine méchante pensait toujours à la princesse. Elle ne pouvait lui pardonner. Elle gardait aussi rancune à son miroir, qu'elle injuriait. Enfin, elle désira de le revoir. Elle alla le chercher, le plaça devant son visage et lui dit en souriant :

— Je te salue, petit miroir ! Dis-moi la vérité... Suis-je la femme la plus belle, la plus fraîche, la plus blanche du monde entier ?

— Evidemment, tu es belle, répondit le miroir, mais celle qui vit, ignorée, dans la forêt verte, chez les sept chevaliers, est quand même plus belle que toi...

La Tzarine fondit sur Tcherniavka :

— Tu as osé me tromper ? Raconte-moi tout !

ᴇᴛ Tcherniavka raconta tout. Et la Tzarine méchante la menaça du pire supplice si elle ne réussissait pas à faire disparaître la princesse.

Celle-ci, un jour, attendait ses frères chéris, en filant près d'une fenêtre. Soudain, le chien aboie. Une mendiante, qui le repousse avec son bâton, traverse la cour.

— Attends, grand-mère! Attends... crie la princesse. Je vais t'apporter quelque chose et je gronderai le chien.

— Ah! mon enfant! gémit la vieille. Il a failli me dévorer vivante! Je suis exténuée d'avoir lutté contre lui. Regarde-le! Il va m'attaquer encore... Arrive!

La jeune fille se hâte. A peine est-elle sur le

perron, que le chien bondit vers elle et l'empêche
d'avancer.

La mendiante veut alors se rapprocher de la
princesse. Le chien, devenu féroce, l'arrête aussitôt.

— Quelle singulière chose ! dit la jeune fille.
Sans doute, il a mal dormi...

Elle jette un pain à la vieille, en lui criant :

— Attrape !

— Je te remercie dit la mendiante. Que Dieu
te bénisse ! Daigne accepter ceci...

Elle lance à la jeune fille une pomme dorée.
Le chien hurle.

La princesse tourne et retourne dans ses mains
la pomme.

— Tu la mangeras quand tu t'ennuieras, ma
belle, dit la vieille. Je te remercie encore de m'avoir
donné du pain.

Elle disparaît.

Le chien regarde tristement la jeune fille. Il
gémit. Il voudrait dire : « Jette cette pomme ! Jette-la
vite... »

Elle caresse tendrement son compagnon. Elle
lui parle.

— Allons, Sokolka, couche-toi !

Elle regagne sa chambre. Là, pour attendre ses
maîtres, elle s'assied devant son métier.

Elle regarde sans cesse la pomme qu'elle a posée
près d'elle. Il est si gonflé de sève, ce fruit ! Il est si

doré, si parfumé! On voit ses pépins. Sa peau a la transparence d'une aile de papillon.

Avant le dîner, la princesse ne touchera pas à la pomme... Mais, elle n'y tient plus! Elle la porte à sa bouche et y plante ses dents.

Elle s'écroule, inerte. La pomme roule jusqu'au fond de la salle.

La tête sur le banc placé au-dessous des icônes, la jeune fille semble morte.

Les sept chevaliers venaient de faire une randonnée mémorable, lorsqu'ils aperçurent le chien qui accourait vers eux en aboyant.

— Mauvais présage! pensèrent-ils. Un malheur est arrivé...

Leur cri, dans la chambre! Le chien se précipite vers la pomme, la croque, et tombe mort.

Les sept chevaliers se recueillent devant la princesse, qui est morte, aussi. Ils font une prière, puis ils relèvent leur sœur et commencent de l'habiller, pour l'ensevelir. Soudain, ils se ravisent. Son visage est si calme! Elle est si fraîche, sous l'aile du sommeil! Seulement, elle ne respire pas.

Trois jours, ils attendirent. Elle ne s'était pas réveillée. Ils se décidèrent. Ils mirent la princesse dans un cercueil de cristal, qu'ils chargèrent sur leurs épaules et qu'ils déposèrent, à minuit, au sommet d'une montagne.

PAR précaution, ils enchaînèrent le cercueil à six colonnes entourées d'une grille. Cela fait, ils se découvrirent. Et l'aîné dit, incliné :

— Dors, notre petite sœur... Tu as été victime d'une atroce machination. Ta beauté va se faner, ici-bas, mais ton âme continuera de s'épanouir dans le ciel. Nous t'aimions. Tu te gardais pour ton bien-aimé... Maintenant, tu n'appartiens plus qu'à ton cercueil.

A cet instant, la Tzarine méchante attendait la bonne nouvelle. Prenant son petit miroir, elle lui demanda :

— Suis-je la femme la plus belle, la plus fraîche, la plus blanche du monde entier ?

— Oui, répondit le miroir, tu es la femme la plus belle, la plus fraîche, la plus blanche du monde entier...

Le prince Elisséï chevauche à la recherche de
sa claire fiancée. Il ne la trouve pas. Il pleure. Il
interroge les passants. On juge singulières ses ques-
tions désordonnées. Quelques-uns rient. D'autres lui
tournent le dos.

Enfin, il s'adresse au soleil.

— Soleil, s'écrie-t-il, toi qui chemines dans le
ciel, toi qui fais succéder le printemps à l'hiver, toi
qui nous distingues tous, me répondras-tu ? Me
répondras-tu que tu l'as aperçue, la princesse que je
cherche ? Je suis son fiancé.

— Petite lumière, répond le soleil rouge, je n'ai
pas vu la princesse que tu cherches. Peut-être, est-elle
morte. Peut-être, la lune morte, ma voisine, l'a-t-elle
rencontrée...

Elisséï attendit la nuit. Enfin, la lune monta
dans le ciel.

— Lune amie, lui dit-il, compagne des étoiles, me
répondras-tu ? Je cherche ma fiancée. L'as-tu vue ?

— Mon frère, répond la lune brillante, je ne
l'ai pas vue. D'ailleurs, je ne suis pas toujours dans
le ciel. Mais, ta fiancée est peut-être si pâle qu'il m'est
impossible de la voir...

— Quelle douleur ! murmure le prince.

La lune dit encore :

— Interroge le vent... Qui sait ? Il te répondra.
Aie confiance... Adieu !

Elisséï crie au vent :

— Tu es fort, tu domptes les nuages, tu agites la mer... Tu ne crains personne, excepté Dieu. Parle-moi ! N'as-tu pas rencontré la princesse que j'aime ? Je suis son fiancé.

— Ecoute ! répond le vent. Là-bas, derrière ce ruisseau mélodieux, tu découvriras une montagne. Dans cette montagne, il y a une caverne obscure. Dans cette caverne, entre des colonnes, se balance un cercueil de cristal, retenu par des chaînes. Dans ce cercueil, il y a ta fiancée.

Le vent s'est échappé. Le prince éclate en sanglots, et s'éloigne.

Il cherche cette montagne dont le vent lui a parlé. Il l'aperçoit. Il s'élance. Il arrive à l'entrée de la caverne. Son courage l'abandonne, mais il se ressaisit.

Il s'avance dans les ténèbres de la grotte. Il distingue le cercueil de cristal où brille le visage de la princesse.

De toutes ses forces, il frappe le cercueil, qui se brise. Et la jeune fille revient à la vie. Elle regarde autour d'elle avec étonnement.

— Comme j'ai dormi longtemps ! soupire-t-elle.

Elle se soulève. Elle sort du cercueil.

Tous deux s'étreignent en pleurant.

Elisséï a pris sa fiancée dans ses bras. Il l'emporte vers la lumière. Que se disent-ils ?

La Renommée clame déjà :

— La fille du Tzar n'est pas morte !

La Tzarine méchante est assise devant son miroir et lui répète :

—Suis-je la femme la plus belle, la plus fraîche, la plus blanche du monde entier ?

— Evidemment, tu es belle, répond le miroir, mais la princesse est plus belle que toi.

Elle brise le miroir, le jette sur le tapis et court vers la porte, qui s'ouvre. Elle voit la princesse. De rage, elle meurt. Les noces d'Elisséi et de la princesse furent célébrées après l'enterrement de la Tzarine méchante.

Il n'y eut jamais pareil
festin, sur la terre.

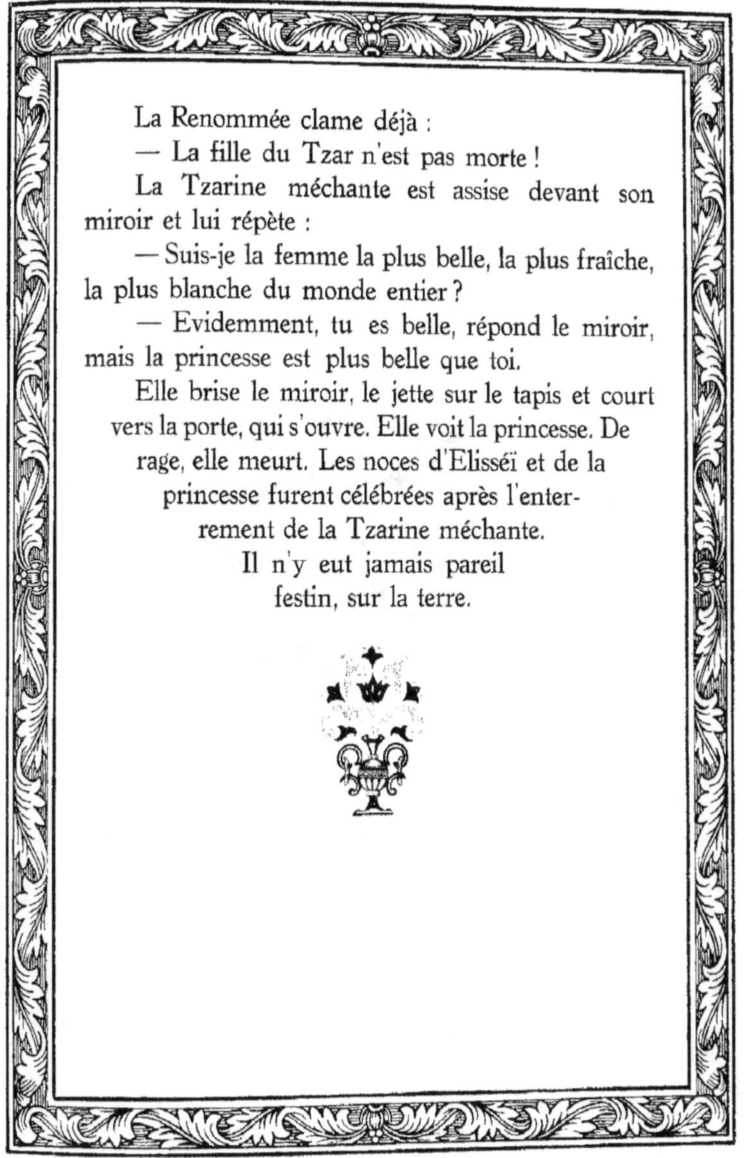

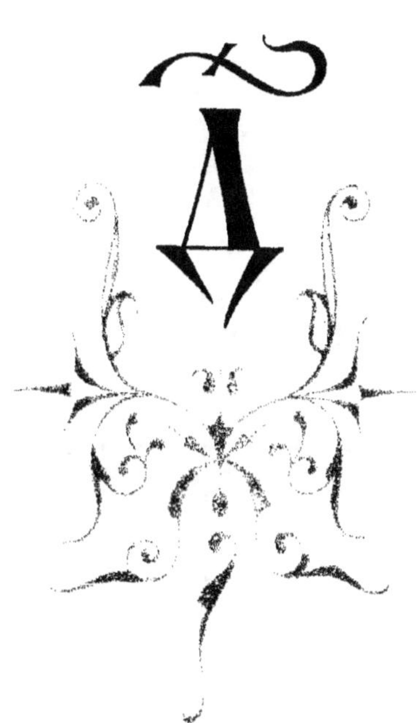

LE PÊCHEUR
ET
LE POISSON

LE PÊCHEUR ET LE POISSON

TRISTEMENT, au bord de la mer bleue, dans une pauvre cabane, vivaient depuis trente-trois ans un vieux pêcheur et sa femme. Celle-ci était aussi très âgée. Le vieux pêcheur prenait des poissons. Sa femme tissait. Un jour, le filet de l'homme ne

ramena que de la vase. Il le jeta encore. Il n'y trouva
que des algues. Il recommença. Cette fois, il y avait un
petit poisson brillant, un poisson extraordinaire, en or.
Et ce petit poisson gémit avec une voix humaine :

— Bon vieillard, laisse-moi retourner dans la
mer ! En échange de ma liberté, je te donnerai ce que
tu voudras...

Le pêcheur s'étonna. Il était inquiet. Depuis
trente-trois ans qu'il prenait des poissons, il n'en avait
jamais vu un qui parlât. Il rejeta le poisson d'or dans
la mer bleue en lui disant avec tendresse :

— Dans la mer bleue sois libre, et que Dieu te
garde ! Je ne veux aucune rançon.

Il regagna sa cabane. Il raconta à sa femme
son aventure :

— Aujourd'hui, j'ai pêché un poisson extraordinaire, un petit poisson d'or. Il parlait comme nous.
Il m'a demandé de le rendre à la mer bleue, son
domaine. En retour, il m'offrait de me donner tout
ce que je pouvais désirer. Je n'ai pas osé accepter.
Je l'ai lancé dans les flots.

Son épouse l'accabla de reproches.

— Imbécile, nigaud, qui n'as pas accepté une
pareille proposition ! Au moins, si tu lui avais
demandé un baquet... Le nôtre est fendu !

Le pêcheur revint au bord de la mer bleue,
dont les vagues déferlaient. Il appela le petit poisson

d'or. Et le petit poisson d'or nagea vers lui et dit :

— Que désires-tu, bon vieillard ?

En s'inclinant, il répondit :

— Excuse-moi, seigneur petit poisson ! Ma femme m'a injurié. Elle n'a pas pitié de mon âge. Elle veut un baquet neuf, car le nôtre est fendu.

— Ne t'afflige pas, et que Dieu te garde ! fit le petit poisson d'or. Vous aurez un baquet neuf.

Le pêcheur arriva dans sa cabane. Il vit sa femme près d'un baquet neuf. Elle l'injuria de plus belle.

— Imbécile, nigaud ! En vérité, le beau cadeau, qu'un baquet ! Va-t-en retrouver le petit poisson et demande-lui une izba...

Le pêcheur revint au bord de la mer bleue, dont les vagues étaient troubles. Il appela le petit poisson d'or. Et le petit poisson d'or nagea vers lui et dit :

— Que désires-tu, bon vieillard ?

En s'inclinant, il répondit :

— Excuse-moi, seigneur petit poisson ! Ma femme est encore plus furieuse. Elle n'a pas pitié de mon âge. Cette mégère demande une izba...

— Ne t'afflige pas, et que Dieu te garde ! fit le poisson d'or. Soit ! Vous aurez une izba...

Le pêcheur se dirigea vers sa cabane.

Mais, il n'y en avait plus trace. Devant lui, s'élevait une izba qui avait une cheminée en briques blanches et une porte en chêne.

EBOUT près d'une fenêtre, la vieille attendait son mari. Elle lui cria de nouvelles
injures.

— Animal! Stupide animal! Une izba...
C'est tout ce que tu as pu obtenir ? Va retrouver le
petit poisson et apprends-lui que je ne veux plus
être une pauvre paysanne. Je veux être une dame
de la haute noblesse...

Le pêcheur revint au bord de la mer bleue, dont
les vagues étaient déchaînées. Il appela le petit poisson
d'or. Et le petit poisson d'or nagea vers lui et dit :
— Que désires-tu, bon vieillard ?
En s'inclinant, il répondit :

— Excuse-moi, seigneur petit poisson ! Ma
femme est encore plus folle. Elle n'a pas pitié de
mon âge. Elle ne veut plus être une paysanne. Elle
veut être une dame de la haute noblesse...

— Ne t'afflige pas, et que Dieu te garde ! fit
le poisson d'or.

Le pêcheur se dirigea vers son izba.

Que vit-il ? Sa femme, sur le perron d'un château.
Elle est enveloppée d'un manteau de zibeline. Une
toque, brodée d'or, brille sur sa tête. Elle est chaussée
de mules rouges. Elle a un collier de perles, des bagues
aux doigts. Autour d'elle s'empressent des serviteurs
qu'elle frappe. Elle leur tire aussi les cheveux.

Le vieillard lui dit :

— Tous mes hommages, belle dame ! J'espère
que tu es satisfaite...

Elle lui cria des injures abominables, puis l'en-
voya à l'écurie.

Une semaine s'écoula, et une autre. La malheureuse avait complètement perdu la tête. Un soir, elle
ordonna à son pauvre mari d'aller trouver encore
le petit poisson.

— Dis-lui que je ne veux plus être une dame
de la haute noblesse. Je veux être reine...

Effrayé, le pêcheur essaya de la raisonner.

— Eh ! quoi, femme... Quel philtre as-tu bu ?
Comment ? Tu ne peux faire un pas sans tomber,

tu ne sais même point parler, et tu veux être reine ?
Ton royaume se moquerait de toi...

Elle le gifla.

— Tu oses me contredire, manant ? Moi, une grande dame ? Je te le dis gentiment... Va parler au petit poisson, sinon mes laquais t'y conduiront !

Le pêcheur revint au bord de la mer, dont les vagues étaient toutes noires. Il appela le petit poisson d'or. Et le petit poisson d'or nagea vers lui et dit :

— Que désires-tu, bon vieillard ?

En s'inclinant, il répondit :

— Excuse-moi, seigneur petit poisson ! Ma femme est définitivement folle. Elle veut être reine...

— Ne t'afflige pas, et que Dieu te garde ! fit le poisson d'or. C'est entendu. Ta femme sera reine.

Le pêcheur s'éloigna.

Que vit-il ? Un palais magnifique. Dans une salle de ce palais, son épouse, assise devant une table. Des boyards lui présentent des mets délicieux. D'autres lui versent des vins des Iles. D'autres, encore, coupent des pains d'épices. Derrière elle sont alignés des guerriers qui ont une hache sur l'épaule.

Epouvanté, le pêcheur dit :

— Salut, Majesté redoutable ! Es-tu satisfaite, maintenant ?

Sans même le regarder, elle prononce :

— Gardes ! jetez-le dehors...

UN des boyards s'élance et met brutalement à la
porte l'infortuné, ahuri.

Dans la cour du palais, des hommes
d'armes veulent le massacrer.

Le peuple crie :

— Tu l'as bien cherché, rustre ! Que cela te serve
de leçon... Ta place n'est pas dans le traîneau d'autrui !

Une semaine s'écoula, et une autre. La vieille
reine, qui était dans une agitation inexprimable,
ordonna à ses courtisans d'aller chercher son mari.

Il arrive :

— Va parler au petit poisson, lui dit-elle, et
apprends-lui que je ne veux plus être une reine de
la Terre. Je veux être une reine des Eaux et vivre

dans la mer océane, pour que le petit poisson soit à
mes ordres et fasse mes commissions...

Le pêcheur, sans avoir osé souffler mot, revint
au bord de la mer bleue, qui était démontée. Il
appela le petit poisson d'or. Et le petit poisson d'or
nagea vers lui et dit :

— Que désires-tu, bon vieillard ?

En s'inclinant, il répondit :

— Excuse-moi, seigneur petit poisson ! Que
dois-je faire avec cette maudite femme ? Elle ne veut
plus être une reine de la Terre. Elle veut régner sur
les Eaux et vivre dans la mer océane, pour que tu
sois à ses ordres et que tu fasses ses commissions.

Le petit poisson d'or ne dit rien. Mais, sa queue
fouetta l'onde, et il disparut dans la mer bleue.

Au bord de la mer bleue, le pêcheur
attendit sa réponse. Enfin, il partit.
Que vit-il ? Sur le seuil de sa
pauvre cabane, sa femme
était assise près du
baquet fendu.

TABLE

DES CONTES ET DES ILLUSTRATIONS

LE COQ D'OR

Tzar Dadone est à présent âgé   1
Le Tzar regarde par la fenêtre   5
Dadone lève une armée.   7
Soudain, une jeune fille apparaît.   9
Le Tzar aperçut dans la foule son vieil ami .   11

TZAR SALTAN

Il y avait la guerre.   19
La Tzarine et son fils   25
Le vent souffle sur la mer   29
Un écureuil grignote une noisette d'or. . . .   33
Trente-trois guerriers apparaissent   37
Le festin.   41

LA PRINCESSE MORTE

La Tzarine avait un petit miroir, qui parlait. .   51
Sept chevaliers entrent dans la maison. . . .   53
Le matin, les jeunes hommes partent. . . .   55
Une mendiante traverse la cour   59
N'as-tu pas rencontré la princesse ?.   61
Elisséï emmène sa fiancée   63

LE PÊCHEUR ET LE POISSON

Devant lui, s'élevait une izba   71
Elle lui cria des injures.   73
Des boyards lui présentent des mets   75

LE
TRAVAIL
LITHOGRA-
PHIQUE DES
ILLUSTRATIONS A ÉTÉ
EXÉCUTÉ SOUS LA DIREC-
TION DE L'ARTISTE PAR
L. BARATAUD.
LE TEXTE A ÉTÉ TIRÉ
SUR LES PRESSES
DE DUCROS ET COLAS.
ACHEVÉ D'IMPRIMER
A PARIS, LE
9 NOVEMBRE
1925.